304. (Bastille). **OUBLIETTES (Les) retrouvées dans les souterrains de la Bastille.** [Paris], Grangé, s.d. [1789], **in-8** de 8 pp. ; cartonnage bradel moderne.

Conlon 89 : 4542 : Tourneux 12531 ; Martin et Walter anonymes 11671 ; Monglond I-53.

"Description des oubliettes de la Bastille, anecdotes sur "le rat privé" de Crébillon fils et sur l'araignée de Pélisson." (Tourneux).

LES OUBLIETTES

Retrouvées dans les ſouterrains de la Baſtille.

LA main deſtructive du tems, vient d'arracher le voile épais qui, depuis pluſieurs ſiècles, nous cachoit l'exiſtence des *Oubliettes*. Le Français répugne à croire des projets ſanguinaires. Mais une note trouvée à la Baſtille, va donner au Lecteur des éclairciſſemens certains ſur des faits preſqu'inconnus juſqu'à nos jours.

« Dans le fond d'une des tours de la Baſtille, nommée la Tour de la Liberté, (ſans doute que c'eſt par dériſion ou par ironie qu'elle eſt ainſi appellée ; car elle eſt la plus auſtère, la plus noire & la plus infecte des huit qui compoſent cette fortereſſe), ſe trouve la chambre des *Oubliettes*. Le malheureux priſonnier qui devait périr de ce ſupplice, étoit tiré de ſon cachot, & conduit par le Gouverneur dans la chambre dite *le dernier mot*. Cette ſombre & vaſte demeure n'était éclairée que par la triſte lueur d'une lampe, dont les faibles reſtes ſuffiſaient pour laiſſer appercevoir que les murs de ce ſéjour d'horreur étaient garnis de poignards, de dards, de piques, d'épées &

d'énormes chaînes. A cet affreux aſpect, ſon ame éprouvait une terreur ſubite. Un Miniſtre arrogant, la fureur dans les yeux, le reproche à la bouche, inſultait encore à ſa douleur, & par des queſtions captieuſes, cherchait à trouver de nouvelles victimes à ſa férocité. Cette vaine formalité remplie, l'infortuné captif était remis entre les mains du Gouverneur, qui, ſur un geſte d'intelligence, le conduiſoit aux *Oubliettes*. Cette chambre n'offrait rien de ſiniſtre, rien d'effrayant. Elle était éclairée par plus de cinquante bougies. Des fleurs odoriférantes y répandaient un parfum délicieux. L'ingénieux Tyran, qui en avait ordonné les apprêts, avait calculé froidement que ce ferait rendre la mort plus cruelle aux malheureux, que de lui en déguiſer les approches ſous de trompeuſes apparences. A peine le priſonnier & ſon conducteur étaient-ils arrivés dans ce nouvel appartement, qu'ils s'aſſeyaient l'un & l'autre. La converſation était adroitement amenée ſur un objet intéreſſant, la détention de l'infortuné. L'hypocrite Gouverneur lui laiſſait entrevoir qu'il jouirait bientôt de ſa liberté. Cet eſpoir imprévu ranimait ſon courage; il croyait encore exiſter avec des hommes, & ſaiſiſſait, avec avidité, l'illuſion d'un bonheur ineſpéré. Mais dès l'inſtant que ſon bourreau s'appercevait qu'il reprenait un peu de calme, il donnait l'affreux ſignal, & bientôt une baſcule pratiquée dans le parquet s'ouvrait, & faiſait diſparaître l'infortuné, qui tombait ſur une roue garnie de raſoirs, que des agens ſecrets faiſaient mouvoir, & qui, en terminant ſa vie, déchirait impitoyablement ſes membres par lambeaux. L'inſenſible témoin de cette horrible cataſtrophe, ne quittait cet antre de cruautés, qu'après avoir entendu les derniers ſoupirs de ſa victime. Dans quel coin de ce malheureux hémiſphère, trouvera-t-on un exemple plus odieux de la méchanceté humaine ? Un tel châtiment, auſſi lâchement combiné, n'eſt pas même croyable. C'eſt cependant à Paris, dans cette Ville ſi belle, ſi floriſſante, que tout cela ſe trouve » !

On voit encore de ces *Oubliettes* au Château de Loches en Touraine, au Château d'Angers, au Pleſſis-les-Tours, demeure du fanatique & cruel Louis XI. Ce fut ce Roi féroce, d'exécrable mémoire, qui appellait le Bourreau ſon *Compère*, & qui fit périr plus de 4000 hommes ſecrettement, qui fut, dit-on, le barbare inventeur des *Oubliettes* de la Baſtille. L'implacable Catherine de Médicis, mère de Charles IX, Roi de France, avait auſſi ſes

Oubliettes. Elle aimait aſſiſter aux exécutions. Sa rage n'était aſſouvie qu'au moment où les Miniſtres ſecrets de ſes cruelles volontés, lui apportaient les têtes des proſcrits. Son ingénieuſe cruauté avait fait conſtruire un méchaniſme odieux, qui tranchait la tête ſans le ſecours d'aucun bras. Il ſuffiſait ſeulement de faire paſſer le priſonnier dans un certain endroit, & de monter la machine.

Le Cardinal de Richelieu voulut ſuivre de ſi beaux exemples, il eut également ſes *Oubliettes.* Il en avait de *particulières* dans ſon Château de *Ruelle*, *près Paris.* Cet infâme Miniſtre avait encore renchéri ſur les barbares précautions de ſes prédéceſſeurs. Celles qu'il fit conſtruire, étaient des puits à pluſieurs chambres, dont quelques-unes étaient remplies d'eau, & par le moyen deſquels on inondait facilement les autres. C'était-là que périſſaient des milliers d'hommes, qui n'étaient ni blaſphémateurs, ni parricides, ni incendiaires; des hommes qui n'avaient que le ſeul malheur de déplaire aux Miniſtres ou à leurs Maîtreſſes.

Le Rat privé de la Bastille, Anecdote curieuse & véritable.

M. Crébillon fils, Auteur de plusieurs jolis Romans, & que celui de Tanzaï avait fait enfermer à la Bastille, racontait, il y a quelques années, que la première nuit de son arrivée dans cette forteresse, à peine était-il endormi, que, réveillé tout-à-coup par quelque chose de chaud qu'il sent à son côté, il trouve un corps velu, qu'il imagine être un chat, qu'il chasse, & se rendort. Le lendemain à son lever, son premier soin est de chercher ce chat; mais sa recherche se trouvant vaine, il espère du moins que la nuit suivante, cet animal, probablement sauvé par quelque issue qu'il ignore, pourra le revenir trouver au lit, où il se promet de le bien mieux accueillir. Au moment du dîner, le Prisonnier s'y livrait avec d'autant plus de plaisir, qu'il n'avait pu souper la veille, lorsqu'au bout de la table, il voit un animal assis sur son cul comme un singe, & qui tranquillement le regardait manger. Sa chambre, assez mal éclairée, lui fait d'abord imaginer que c'était son compagnon de lit si regretté, qu'il avait enfin le plaisir de revoir. Sur quoi, agissant en conſéquence, & pour ſe l'attacher d'autant plus, il le careſſe de la voix, lui fait part de ſon dîner, & le trouve docile, au point que s'aventurant juſqu'à avancer la main pour achever de l'amadouer, l'animal fait un mouvement, qui met en évidence une queue à laquelle Crébillon juge que ce qu'il avait pris pour un chat, n'était autre choſe qu'un Rat des mieux nourris, & d'une taille fort au-deſſus de l'ordinaire. A cette vue, l'extrême antipathie qu'il avait toujours eue pour cet animal, lui fit pouſſer un cri ſi perçant, en renverſant bruſquement la table, qu'un Porte-clefs, qui par haſard n'était pas loin de-là, arrivant tout-à-coup, & voyant avec ſurpriſe le Priſonnier pâle & tremblant, informé par lui de ce qui cauſait ſa ſurpriſe, ſe mit à partir d'un long éclat de rire : Calmez-vous, mon cher Monſieur, (lui dit enfin cet homme) & pardonnez à mon étourderie, qui m'a fait oublier de vous prévenir au ſujet de l'animal dont il s'agit. Votre prédéceſſeur dans cette chambre, qui l'a très-long-tems habitée, l'avait inſenſiblement apprivoiſé dès ſa jeuneſſe, au point, non-ſeulement de le faire manger avec lui, mais même de le ſouffrir dans ſon lit. J'ajouterai que cela me ſemblait ſi plaiſant, que je voulus eſſayer à mon tour de voir, si cet *honnête homme de Rat* (pardonnez-moi le terme) pourrait aussi se faire à moi ; & vous allez juger si j'y suis parvenu.... Voilà son trou, que vous n'avez pas vu, Monsieur ; approchez, & osez me voir faire : *Raton! Raton!* s'écria le Porte-clefs, en se baissant avec un morceau de viande à la main ; viens donc ; Raton ! viens donc, mon ami ! A cette voix, Raton montre d'abord la tête ; & bientôt reconnaissant son homme, lui saute légèrement sur la main, & y gruge le morceau qui lui est offert. A partir de ce moment, ajoutait Crébillon, l'extrême aversion que j'avais toujours eue pour les Rats, a tellement pris fin, que *Mons Raton* devint bientôt mon Commensal ; qu'à l'article du lit près, je lui vis reprendre avec plaisir tous les droits dont il jouissait sous mon prédécesseur ; & que sans l'attachement qu'avait pour lui le Porte-clefs, je n'aurais pas quitté la Bastille sans l'emporter avec moi.

PELISSON, privé de livres, d'encre & de papier, n'eut long-tems, dans sa prison, d'autres ressources contre l'ennui, qu'une Araignée qu'il avoit apprivoisée. Le Gouverneur de la Bastille vint un jour voir son Prisonnier, & lui demanda avec un ſourire inſultant, à quoi il s'occupait. *Peliſſon*, d'un air ſerein, lui dit qu'il avait ſu ſe faire un amuſement ; & donnant auſſi-tôt ſon ſignal, il fit venir l'Araignée apprivoiſée dans ſa main. Le Gouverneur ne l'eut pas plutôt vue, qu'il la fit tomber à terre, & l'écraſa avec ſon pied. *Ah ! Monſieur*, s'écria Peliſſon, *j'aurais mieux aimé que vous m'euſſiez caſſé le bras.* L'action de ce Gouverneur était cruelle, & ne pouvait venir que d'une ame atroce.

Rue de Chartres, au coin de celle Saint-Nicaiſe. N.° 65.

De l'Imprimerie de GRANGÉ.

www.ingramcontent.com/pod-product-compliance
Lightning Source LLC
LaVergne TN
LVHW012022170826
845678LV00004BA/1600
9782329631585